Outras fronteiras
fragmentos de narrativas

ANA MAFALDA LEITE

Outras Fronteiras

FRAGMENTOS DE NARRATIVAS

kapulana

São Paulo
2017

Copyright©2017 Editora Kapulana Ltda.
Copyright do texto©2017 Ana Mafalda Leite.

A editora optou por manter a grafia original do texto, com nota final sobre o Acordo Ortográfico da Língua Portuguesa de 1990.

Coordenação editorial: Rosana Morais Weg
Projeto gráfico: Amanda de Azevedo
Capa e vinhetas: Amanda de Azevedo

Dados Internacionais de Catalogação na Publicação (CIP)
(Câmara Brasileira do Livro, SP, Brasil)

Leite, Ana Mafalda, 1956-
  Outras fronteiras : fragmentos de narrativas / Ana Mafalda Leite. -- São Paulo : Kapulana, 2017.

  ISBN: 978-85-68846-32-2

  1. Poesia portuguesa I. Título.

17-09784   CDD-869.1

Índices para catálogo sistemático:
1. Poesia : Literatura portuguesa   869.1

2017

Reprodução proibida (Lei 9.610/98).
Todos os direitos desta edição reservados à Editora Kapulana Ltda.
Rua Henrique Schaumann, 414, 3º andar, CEP 05413-010, São Paulo, SP, Brasil.
editora@kapulana.com.br – www.kapulana.com.br

Apresentação 07

Como se a manhã do tempo despertasse

Como se a manhã do tempo despertasse 10
Um feitiço dentro desta escrita 13
Tratado das cores em Moatize 15
Teoria das cores ou o primeiro olhar 16
Estudando o mapa estelar em Moatize: no princípio fomos azuis 17
Corpos lúcidos e opacos, ciências & ouvindo um soneto 18
Era assim na aula de desenho: azul ultramarino 19
Em Moatize um primeiro caderno: o livro dos azuis 20

Poemas de Moatize

Moatize: onde tudo começa 22
Moatize: campo de ténis 23
Moatize: casa sem número ou a inumerável casa 24
Rio Moatize 25
A lenda da criação 26
Quando o camaleão e deus deixaram a terra 27
Poemas do Nyau, a grande dança 28
Moatize: pirilampos dentro da terra 31

Outras Fronteiras: Fragmentos de Narrativas

Fronteiras, de que lado pergunto-me 34
O telescópio e a bússola do astrónomo paulista Lacerda e Almeida 37
Benga: o leque de Dona Francisca Josefa de Moura e Meneses 39

Outras viagens, outras fronteiras 41
Fragmento do diário de Lacerda e Almeida sobre Tete 43
Fala de Chiponda, a senhora que tudo pisa com os pés 45
As insondáveis viagens 47
Os itinerários sem mapas 48
Nota biográfica de Lacerda e Almeida 50
Marávia 51
M'Bona 52

O Índico em Marrakesh

Visitação do Índico em Marrakesh 54
Entretanto eu dormia 56
Jardim de Ménara 58
O Chamamento (Azaan) 60
Os encantadores de serpentes 62
Os azuis índicos do Paraíso 64
A prova do chá de menta 66
Cair das estrelas 68
Índico sortilégio 69
Os véus soltos da cidade antiga 71
Os caminhos do deserto 72

Outras fronteiras: o brilho dos pirilampos e os fragmentos da memória, por Carmen Lucia Tindó Secco 74

Vida e obra da autora 78

Apresentação

A Editora Kapulana traz ao Brasil poemas inéditos de ANA MAFALDA LEITE – *Outras fronteiras, fragmentos de narrativas* – seu décimo livro de versos e o primeiro lançado no Brasil.

ANA MAFALDA LEITE é escritora de expressões diversas: é ensaísta e poeta. Nasceu em Portugal, e seu berço afetivo e cultural foi Moçambique, onde viveu na sua juventude e iniciou seus estudos universitários. Ao retornar a Portugal, levou consigo as marcas vivenciais de Moçambique e dedicou seus estudos, e seus versos, à expressão cultural e literária desse país banhado pelo Oceano Índico. Em sua rota existencial e literária, suas passagens pelo Brasil são frequentes, com participações marcantes em eventos acadêmicos. Portugal, Moçambique e Brasil são portos que garantem as conexões multiculturais da autora, rompendo as tradicionais fronteiras entre países.

Como conhecemos Ana Mafalda? Inicialmente de forma indireta, por seus ensaios sobre autores e obras moçambicanos, e, como pano de fundo, sua poesia densa e corajosamente lírica, que já se forjava desde os anos de 1980. Mais tarde, em 2016, no Brasil, recebemos de suas mãos o denso e expressivo conjunto poético *Outras fronteiras: fragmentos de narrativas*, que ora apresentamos ao leitor brasileiro.

A Editora Kapulana agradece à autora por sua cordialidade e pela confiança depositada em nossa casa editorial, e à Profa. Carmen Lucia Tindó Secco, que nos ofertou tão precioso posfácio.

São Paulo, 14 de agosto de 2017.

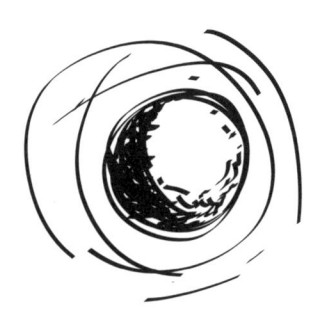

como se a manhã
do tempo despertasse

Como se a manhã do tempo despertasse

Saberei porventura os lugares de onde fala esta voz? Os enigmáticos espelhos de
[onde se olha?

Visão e sonho, por onde vem seu segredar? Por que se inquieta a respiração? Quem acende o perdido caminho, quem peregrina em aparente cegueira?

Dentro de si.

      Da casa.

Contorna, desenha vagarosamente as mãos com que se escreve. Surpresa como um caminho sem rumo.

Apenas no corpo um coração impresso

                        Um sabor ausente

             me presencia.

                        Sinto-o.

Pareces uma paisagem com uma janela dentro, contas.

            Uma personagem que se desdobra. Sem nome.

E os nomes reverberam acesos para uma evidência indemonstrável.

Nesse lugar.

Sim, nesse lugar de silêncio onde a varanda abre a sua boca sobre o infinito

pelo ar corre uma secreta ânsia

                        talvez de beber inteira

a lua em sussurro alto ou em redondo e branco grito

Venho da infância infinita, dizes, os chocolates na algibeira do coração, embrulhados em cores celofane.

      Meu País dentro.

Um navio navega-me longe. Costeiro. Procurando uma rua que me leve até ti.

Nada lhes digo. E para que serviria se para eles não podes ser visível?

Há nesse lugar do coração uma paisagem antiga

           sempre presente

uma flor de frangipani ou de buganvília? branca rósea vermelha amarela lilás

que nunca morre

Há uma paisagem antiga nesse lugar do coração

um perfume que se solta intenso das folhas amarelecidas do álbum

aí o meu rosto está sempre igual

e o olhar com que me olhas já tem consigo o constante brilho das estrelas

tremeluzindo intensas

      no meu caminho pela noite do mundo

em torno da lâmpada o rodopio zunindo

      volteando vértices de luz

        uma roda de insectos dança

      até ao amanhecer

                    Respiro como se o tempo nunca mais acabasse

respiro-te ana como se respiram as manhãs

ao deter-me devagar sobre a tua imagem

como quem junta sóis ao amanhecer

                          como se a manhã fosse de sempre

Como se a manhã do tempo despertasse

          e eu adivinhasse o tempo ainda por chegar

Um tempo em que apenas me habita o infinito

                alvor de estrelas

cair das luzes no rio

      com muito silêncio

                absurda maravilha

Um feitiço dentro desta escrita

Houve um tempo em que tive amor à poesia
    olhava-te
abrindo as páginas os livros
protestando contra a insuficiência do mundo
choravas ou rias?
   a música muito alto
tão alto uma labareda imensa era voz de voz propagada
Houve tempo que da poesia nasciam brasas
     borboletas, coisas mágicas de circo
em rodopio
do chapéu as pombas as casas as pessoas que eu não vi nunca
           mais
Como é possível escapar à eternidade?
dizes: porque motivo não somos todos benjamin button ou dorian gray
entrando dentro de um espelho de intocada imortalidade
    Será que o mundo começa sempre de novo?
perguntas acordada
Eu digo que sim e as cores raiam o violeta do pássaro do eco o verdelaranja
da maçanica
   o amarelo do hibisco um momento rubro
o sol na cabeça guardasol uma cegueira inquieta
   O que fazes aí ana?
     como se vestida da luz da tarde
o espírito adverte não confundas não passes a fronteira
    arde em ti um fogo, aquele muito lento
que caminha
   eu olho-te do outro lado do espelho
espectral o véu de pirilampos que te rebrilha
   encantado dorme em ti o mais recôndito feitiço

despe-se da noite incendeia a imagem
　　　　　para que voe
para que arda
para que deslize
para que cresça uma raiz cintilante
　　　　　　　agora, aqui, vês?
　　　　　na terra vermelha no sonho alto transparecendo as
　　　　　　　　　　[marcas uma a uma
desse gigante girassol e giralua por dentro da alma
　　　incendiado beijo azul roxo da tarde correndo onde
　　　　　ainda lento o horizonte cresce sem medida
te transporta até onde dança lentíssimo
　　　　ele, uma figurinha no palco
　　　　　　o infinito
Vês? Estendo aqui a paisagem. Para que vás comigo até lá
　　　　　　fátuo incêndio astrolábio
　　　　　　breve passagem
　　　　　　É uma janela que se abre
　　　　em fogo queimada ao longe ardendo
　　　noite cheia de estrelas iluminada noite acesa
　　　　　obscuro mundo em festa
　desmesurado o coração estremece e atravessa a paisagem
　　　O coração pulsa sem medida. Sentes?
　　　　　　cintilando
　　　reverbera no centro da minha testa
　　　　　　vês?
　　　　uma maravilhada estrela
　　　　　　ponto e porta
　　　　　a infância o infinito
　　　　　　　　entra por aí

Tratado das cores em Moatize

com o caderno nos joelhos leio: newton escreveu Que a luz consiste em pequeninas partes de matéria que saem de um corpo lúcido em todas as direcções

num segundo saem mais partículas que todos os grãos de areia da terra

os raios cruzam-se sem se confundirem   caem obliquamente

superfície rompente *um quartzo rosa na minha mão ou um antúrio?*

escrevo por trás na capa do caderno:

quanto mais obliquamente caem os raios da luz maior é a refracção

o sol ao nascer ou ao pôr-se fere mais obliquamente a superfície da atmosfera
                                                                [da terra

carvão intenso nas estradas nas minas por dentro da terra

por isso o vermelho sangra em azul

e a cor verde resplandece em amarelo *Moatize: as cores primeiras!*

o vermelho e verde são as cores primeiras desta paisagem

repare-se o sangue dos animais a carne contundida

azula em azul da noite

que se faz de sangue de facocero a tinta com cor da aurora em refracção

ensombra

a cor azul não é primeira

o azul que vejo é um céu em chamas? lá longe se desenha a entrada da mina

o céu por cima e o rio zambeze longe

ambos arrastam uma infinita ondulação de auroras

Teoria das cores ou o primeiro olhar

o negro é uma cor que se forma do vermelho e verde

o branco nasce da divisão extrema do verde e do vermelho

a cor púrpura forma-se do vermelho e azul

(eu gosto é do laranja que labareda o amanhecer)

sabiam? a luz e a obscuridade são tanto cor branca e negra como vermelha azul
                                                                                 [e verde

Em êxtase de sete tons a curvatura do arco

salto à macaca de pé coxinho em escala de música sete vezes sete me desdobro

a íris do céu cai ali uma pedrinha

deslumbra   o rectângulo

ao infinito

Estudando o mapa estelar em Moatize: no princípio fomos azuis

o virgílio dizia negra azul eu digo somos todos azuis

Mas interessa saber a cor do universo? (Coisa estranha aqui tão evidente) espectro
                                                  [cósmico numa paleta de cores

azul turquesa pálido a dar para o verde marinho (diz o livro)

a cor média do espectro da luz visível permite determinar a idade das estrelas

nas novas mais quentes a luz visível situa-se mais na parte azul do espectro

nas velhas mais frias a luz visível é mais vermelha

(alguns pintores transformam o sol numa mancha amarela outros uma mancha
                                                  [*amarela em sol)*

no princípio fomos azuis?

agora ainda verdes

antes do rubro

apocalíptico

em extinção passional (convém não esquecer)

Corpos lúcidos e opacos, ciências & ouvindo um soneto

o amor é um corpo lúcido centro de imensas esferas de luz que se propagam em
[todas as direcções

(olha a estrela cadente, estás a vê-la?

os desenhos das constelações, vê como a noite é tão pontilhada de luzes)

quando a luz encontra um corpo opaco é por ele reflectida nos nossos olhos

e excita em nós a ideia desse corpo formando na retina *as imagens*

As imagens do amor?

os corpos lúcidos não têm sombra alguma de si mesmos

são centros absolutos de luz própria

o amor é fogo que arde

obscurecido na sua sombra

a outra parte

arde sem se ver

(a noite ficou assim assim escuríssima mas quente

é de lá que vem a chama)

estás a chamar-me?

Era assim na aula de desenho: azul ultramarino

na antiguidade clássica o nome *azurrum ultramarinum* não era ainda utilizado para
[designar o pigmento produzido a partir do lápis-lazúli

(sim é esse o nome da cor da caixinha onde guardas os segredos)

uma pedra semi-preciosa constituída por uma mistura de vários minerais que se
[apresenta com pequenas manchas brancas e douradas num fundo azul

(semelhante a este céu estrelado que se vê da varanda onde o chão morno me
[*adormece)*

este azul, ou este céu? veio do Oriente

onde fica? provavelmente das minas de Badakshan no Afeganistão (não nas minas
[de Moatize) mencionadas por Marco Polo na descrição da sua viagem através da
[Ásia (um pouco mais acima daqui)

iniciada em Veneza em 1271 (longo longo o tempo o tempo)

Em Moatize um primeiro caderno: o livro dos azuis

de azul em azulazul índigo azul

        carvão azul   cobalto azul   de azul azulando azúleo

azula-me de azuis azulíssimo azulindo   Azulbrilhante azulcéu azulrio

       azulmeianoite azuldia azultarde azulmeio-dia azulágua

azulademora azulão azulinho   azulalto de azul

      em azuis vestido de azulua azulsol azulestrela azulgira

          gira que gira girando o azul

      rotação roda riso rodando sem rumo o feitiço desta escrita

(qual escrita? Afinal era esse o efeito do feitiço na escrita?

            Transmutação?)

poemas de Moatize

Moatize: onde tudo começa

Uma dor pequena a de não acertar exactamente no lugar, vês aqui? Uma imagem desfocada: tu ou alguém a mais no eu que desconheço e me visita

Eu ou tu? de que lado estamos? fico quieta na fronteira na linha exacta de uma fractura que ninguém vê. Dou-te a mão. Um ponto além um ponto tonto… ninguém

Atravessemos o portal ele abriu e eu vejo nas tardes impossíveis o teu passo lento viajando cá e lá

onda ondulando

inquietação desmedida vontade de na água do princípio me desnudar

Abriram-se os portais e aqueles com quem sempre estive vão e vêm passam atravessam a fronteira

deste lado de cá sentada na esteira pergunto-me

quando será a minha viagem

Moatize: campo de ténis

uma bola de ténis bate ao fundo da rede

no cimo da cadeira gigante ai eu que olho o mundo a meus pés

uma bola salta de um lado para o outro e ouve-se

o som contínuo vai e vem

Ai eu de um lado para o outro sou jogada

Ai eu que me olho a ir e a vir

(cai a noite súbita)

o mundo inteiro cabe no campo de ténis

todos os sons todos os cheiros

inteira uma luz penumbrica

salta com a bola

Ai eu que vou e venho

Ai eu de um lado da rede para o outro

sem chão sem memória

uma luz de berço ao cimo da cadeira

espreita o lugar de um futuro sem chão

Ai eu uma pequena bola em jogo em movimento

Moatize: casa sem número ou a inumerável casa

na varanda da casa percorro o universo

a mornidão do cimento acalenta os passos

e sinto a chuva chegar

cheiros de terra

inebriando escurecendo o céu

lá dentro os quartos e um escorpião por debaixo da cama

o lento caminhar do camaleão mudando de cor

a paisagem abrupta da colina

ao longe as queimadas

o cair do sol nelas

ardendo

misturo tudo nesta infância sem trégua

a noite com o dia a chuva com a queimada

o cheiro do leite queimado com o da terra gemendo

Rio Moatize

um pequeno crocodilo espera

na margem do pequeno rio entre muitas pedras mais uma mais outra

confundindo-se nos tons

um rio corre

e nós com ele

à procura da surucucu

do cabrito do javali da pequena caçanha amedrontada

correndo longe ao som de um lento batuque na distância

mais lá para dentro do denso entrelaçar dos arbustos das maçaniqueiras

o imbondeiro vigilante

espia-nos

imponente

ele e o crocodilo conhecem o sortilégio do tempo

não correm como eu e o pequeno rio moatize

A lenda da criação

No princípio havia chauta (deus) e a terra parada

um dia um relâmpago imenso desenhou nos céus

a chuva

que trouxe à terra o homem e todos os animais

Pousaram nos planaltos da marávia e da angónia

no topo da montanha de domué

deus, os homens e os animais

as rochas ainda mostram as antigas pegadas, uma cesta uma enxada e um pilão

em harmonia sagrada

Quando o camaleão e deus deixaram a terra

O homem sentado brincou com as varetas

e delas surgiu o fogo

O homem espantado não quis largar o fogo

o capim ardeu As matas arderam a desordem e os milandos cresceram com a queimada

e a cabra e o cão correram para junto do homem em busca de abrigo

o elefante o leão a pala-pala o rinoceronte fugiram para longe muito zangados

O camaleão escapou subindo ao topo de uma árvore e chamou deus

este disse estar velho demais para o seguir

ao ouvir o lamento a aranha fez uma teia em torno de deus e levou-o para cima

Foi assim que deus deixou a terra

E nunca mais voltou

Poemas do Nyau, a grande dança

Fala da Máscara Kapoli

hoje eu estou aqui

sem rosto

com a minha máscara de muitas plumagens

brancas cinza preta vermelhas

para levar o defunto e dançar com ele até à sua morada

sou o espírito do portal

aquele que faz a passagem

entre os vivos e os mortos

sou eu a fronteira o visto de entrada

Não voltes a esta terra, não invadas os meus sonhos

não entres na minha casa

não sigas a minha sombra

não me apoquentes

eu danço para que tu me acompanhes

olha os meus trejeitos ouve a minha voz e segue-me

os meus olhos faíscam e trazem luz eu sou a máscara kapoli o espírito antigo

que te dança ensina e adormece

Fala da Máscara Kampini

Eu sou o espírito do ngombe, o boi

eu sou o espírito do njovu, o elefante

eu sou o espírito do chilembwe, o antílope vermelho de listras brancas

eu trago o chifre do rinoceronte

e a altura da girafa

Eu sou a máscara kampini que abre as forças secretas e mágicas dos antepassados

meu destino é dançar freneticamente sem parar ao som dos tambores forrados a
[pele de cudo

Mjidiko kamkumbe mpanja gunda mbalule Salto no ar e a percussão do tambor
[É cada vez forte mais intensa

danço a noite toda Venho assustar os dias Venho assustar as mulheres Roubar-lhes
[a comida

Elas fogem espavoridas chegaram os monstros, os espíritos dos animais, dos
[homens misturados, centauros quizumbas

vêm em grandes grupos e dançam em torno das nossas fogueiras comem a nossa
[carne Roubam as nossas pulseiras

E assustam a noite aos gritos e urros

Fala da Máscara Dzwirombo

É por nós que a força vem quando somos esculpidas é connosco que os espíritos dos antepassados

falam

como os animais que falam e os homens gigantes de antigamente aqueles com
                     [chifre de sitatunga e tatuagem branca na pele vermelha

xipene, búfalo, pangolim nas pernas a lama dos caminhos correndo correndo

Somos os sem rosto

os ancestrais os que lembram as hienas hipopótamos macacos trombas orelhas e
                                     [cornos levantados,

esgares, pegadas e sussurros palavras e rugidos

silêncio

somos os misturados descoincidentes zoomórficos

criaturas e criadores

o nosso espírito dança continuamente

Somos aqueles que são secretos Vivemos no bosque sagrado E não tememos a
                                       [morte nem os mortos

Porque somos os acompanhantes

Os camaleões gigantes

de deus

Moatize: pirilampos dentro da terra

olha devagar para lá uko uko

olho para as luzes verdes que se acendem e apagam devagarinho uko

uko… nciciyani? nas tuas mãos? nos arbustos lá longe? não queiras agarrar essas minúsculas vozes iluminadas esses lugares mágicos onde voas devagar

mwana olha para a tua infância kale kale para os mistérios de um escuro correndo pelos céus imensos… geometrias do acaso em luzes que estremecem e encantam no silêncio total de uma noite infinita…

porque se apagam e acendem? nyenyezi em torno de uma lâmpada ou lua os insectos mostram as pequeninas luzes zumbem zunem mitoto mwala quartzo fumado quartzo róseo magenta púrpura quartzo citrino ocre amarelo cristal de rocha corindo calcedónia jaspe água-marinha… Pirilampos pedrinhas matsenga a ufiti voam luzes

no chão? na tua mão? lá em cima? onde caminha a água do rio? é espelho? é noite ainda? já é dia? cai súbita a chama do sol

vítrea negra obsidiana em que me deito misturo

e brilha enrola enrodilha esconde por dentro em si essas pedras maravilhas ainda ouves ainda respiras uko... uko

ofegante uma constelação? uma carta de estrelas pontilhadas? uma esteira?

pirilampos pirilampos dentro da terra dentro das mãos

dentro o mapa do céu enterrado lá

uko uko jazigos em moatize kambulatsitsi mécondédzi marávia mucanha bohozi e vúzi grés feldespático xisto carbonífero cinzas enxofre volutas filões

um pirilampo dois pirilampos meus olhos uko... uko... uko

terra de moatize

outras fronteiras: fragmentos de narrativas

Fronteiras, de que lado pergunto-me

onde terá começado a fronteira do dia com a noite? a fronteira da água com a terra? a do azul com o lilás? porque tão dividido

o mundo em dois? no tratado de tordesilhas levou-se a ibéria ao novo mundo e mais tarde sentados em berlim muitos outros desenharam os mapas a compasso e esquadro

um continente não interiormente navegado diziam kurtz apontando o dedo ao acaso em caligrafias de cor ou a tinta da china um coração das trevas mapa cor de rosa a estilete gravado

na mão os mistérios arcos de décadas em bissectriz dançando a caneta em forma de bisel

de que lado pergunto-me nasce o aroma do coração? meu índico pé ponto de nó laçada entremeio azzurro azure azula-me o chão

em haurir de fogo misturo-me nas volutas e entranço-me num subir de velas talvez copra e curcuma o lançado mapa estilhaçado em panos esvoaçante desafia-me as escolhas

de territórios em água marinha lápis lazúli quartzo de lua resplendor quero ser assim repartida em minhas pedrinhas espalhada em rios de terra e minérios quentes carvão bauxite malaquite em chama meu amor minha terra meu leito de desejo não me procures nas fronteiras que não tenho

de que lado se põe o amor ao entardecer? onde me deito levanto-me e torno raiz plantada exactamente no interstício de uma falha inaugural

um lençol me exila ou exulta o destino transbordo entre muitos lugares nuvens e águas por isso questionam por vezes as minhas fronteiras a marca da diferença que me extratorrioraliza e me lança ao avesso das identidades

o forro por fora a seda por dentro vim vestida aos avessos das linhas de costura que fronteirizam macanga marávia mutarara chiúta zumbo moatize, furancungo zobué

em ponto pé de roseta ziguezague em duplo nós elos em cadeia raiz quadrada noves fora sempre indago a matemática sem resultado será que é indígena? será que é alienígena? será que é?

qual anjo sobranceiro a todas as terras, espreito esse estranho rosto de cabelos alaranjados em fogo entre muzimo e valquíria

sou austral e sou oriente a baunilha de madagáscar exala-me devagar muitos desertos apetecíveis sou ocidente e morde-me na boca um papiro de apagada escrita alexandria? atravesso-me nos céus a sul um cometa que passa: ano nyenyeza dizes-me foi quando? a luz irrompe em múltiplos lugares estranhos estou em casa sempre a descobrir que voando se foram as andorinhas pousadas nos fios de eléctricas ondas invisíveis

os postes de madeira brotando folhas novas caligrafias encriptadas

por isso na areia desenho rotas ruas endereços que não existem procuro as montanhas sagradas da angónia as pedras gigantes que sobem as escarpas do interior de outros mapas úteros ainda mais recônditos

no entanto sentado ele olha-me e aconchega na pele de antílope o som da terra

de que lado me olha o sol? e a lua? porque canta assim o pássaro bique-bique a íbis preta quando me cega o brilho das tuas pulseiras nos pulsos

dádiva nas mãos em concha vem uma mudança no tempo alimentar o espírito

diz a sua boca nyau que me fala através das pedras

O telescópio e a bússola do astrónomo paulista Lacerda e Almeida

Em 1798 em Tete olhando as estrelas Lacerda e Almeida

pensava como os azuis se transmutavam e como as insondáveis geografias

do interior para o índico serpenteavam os inúmeros rios de Sena, o grande zambeze, aruângua, manyame, luia, luenha

Sentado e expectante meditava nas difíceis caminhadas que o levariam até kazembe

a reinos desconhecidos, a outros povos e costumes

Ouvia os tambores tocando noites sem fim, o pombe enlangescendo os corpos, os vultos do silêncio caminhando

Entontecido com o milho fermentado

apenas o coração de Lacerda de Almeida

se ouvia

O grande e insondável mistério era essa outra viagem o globo celeste poisado ao lado,

ou apenas a imensidão da hidrografia do interior das terras por conhecer

A escuridão da noite ecoando um céu infinito pontilhado de luzes e uma terra sem

fronteiras

pensou no teodolito, no sextante e na bússola que dormiam sem direcção

o oriente oculto pela obscura densidade do sertão

tão diferente daquele outro dos indígenas de mato grosso

De que valiam as minuciosas observações geográficas do naturalista?

Batendo ao som dos tambores batia seu coração sem rumo

no sonho colocou as mãos nos ouvidos e pensou

aqui é o lugar onde vou dormir para sempre

Acariciou o telescópio, olhou de novo as estrelas e os entrançados brilhantes que faziam

pensou nos desenhos na textura amarelecida dos mapas, no labirinto dos atalhos na fuga dos homens de sua caravana

nas febres que o tomavam no esplendor do silêncio em torno do vulto de um solitário embondeiro

e adormeceu.

O telescópio assim quieto e parado junto ao corpo do astrónomo e matemático

ficou abandonado à imensidão estelar e ao vermelho escuro da terra

Benga: o leque de Dona Francisca Josefa de Moura e Meneses

Na Benga as rolas dançavam ao fim da tarde Dona Francisca entediada olhava o horizonte da mata e os voos das rolas

a quentura da noite balançava ao ritmo de um leque que abria a paisagem de lés a lés

suas terras eram sem fim o rio revugué brilhava ao longe

as rolas cruzavam no ar os últimos voos

na esteira a seu lado a sobrinha Dona Leonarda recém casada com o paulista Lacerda e Almeida fazia desenhos na areia

olhava o rio com nostalgia

pensando no marido no homem cujo acento de língua a surpreendia

embrenhado longe numa caravana, dormitando na machila carregada pelos escravos de sua tia

a que destinos ele pensava chegar? remexendo na areia com o pauzinho os desenhos imaginários da jovem

revolviam rios, obscuros hipópotamos cavalos marinhos, milandos, preságios

chegando devagar pelo contorno das marcas na areia

uma pegada do leão

se deixou ver

inquieta Dona Leonarda nada sabia ainda da conjectura das linhas não entendia os mapas as políticas e a estranha cartografia dos rios

ficou suspensa era apenas uma jovem rola que brincava na areia talvez sonhadora talvez indiferente

de súbito nas suas mãos actuavam outras forças que ela desconhecia

uma presença diferente rompeu a brandura esvoaçante do crepúsculo e rastejante nela se envolveu como uma serpente

foi assim que viu por instantes

ao cair da noite o rosto ou a máscara nyau? do distante vulto do astrónomo paulista

olhando-a perdido e desacordado

Outras viagens, outras fronteiras

entre oriente e ocidente o reino de prestes joão ou as minas do rei salomão o ouro, o ferro e o cobre

muenoputapas, zimbábués, muzungos, expedições,

demandas de lugares e mitos, lagos e lagoas interditos

caravanas, travessias, fronteiras entre os rios conhecidos e os ocultos

viajantes, botânicos, filósofos, matemáticos, percorrem as terras do interior

desenham mapas, declives, correntezas

aprimoram os instrumentos, ensaiam desenhos

se embrenham na indistinta massa de paisagens indecifráveis

com suas bússolas de prata

e um óculo de ver ao longe

espreitam observam catalogam

experimentam mapas e revolvem a imaginação

os caminhos são sempre outros, bocas línguas pombeiros sertanejos informantes desaparecem nos caminhos zuartes, missangas e espelhos

os escravos fumam mbangui e entram em debandada

outras margens se mostram com os espíritos locais que se levantam abruptos

são agora muitas as vozes e vultos que os perseguem

não se pode assim entrar

em terras que têm outros rios outros xicuembos e outras fronteiras

Fragmento do diário de Lacerda e Almeida sobre Tete

Chove aqui

à porta de entrada nas feiras do monomotapa

lugar dos que partiram em embaixadas para aquele reino

Mas antes muito antes por aqui passaram também os mercadores muçulmanos peregrinando as feiras do ouro do monomotapa para o Índico

Mais tarde massapa luanze bokuto dambarare chipiriviri urupande matapfunya ongoé ou maramuca

Aqui

Em Tete

na margem direita do rio zambeze

maraves do norte atemorizam a população

Aqui vivem cristãos da índia e da terra, nyungwes

portugueses e o brilho intenso do ouro

incendeia o calor agora húmido

Circundada por um muro com a altura de uma braça

feita pelos pedreiros de Goa em pedra e terra amassada

vejo os baluartes de pedra artilhados

entre eles o forte de Santiago

muitas vezes submerso pelas cheias do enorme zambeze

quase um mar bem em frente

A norte fica a feira do zumbo

as minas de ouro do país marave em maxinga bive mano mixonga

e os senhores e senhoras dos prazos que ocupam vastos territórios

Chove

aqui em Tete

a povoação situa-se entre montes

a serra da caroeira a sul

as casas dos moradores espalham-se por elevações sem arruamentos regulares

Noto que o casario existente usa uma argamassa de terra sem cal que facilmente se desfaz com as chuvas

no caso dos muros é forçoso tapá-los com colmo

Chove

e eu escrevo estas linhas Que a chuva também desfaz

Fala de Chiponda, a senhora que tudo pisa com os pés

Sou senhora e dona de dossa e domue a sul do zambeze

em terras a norte do rio são meus os prazos de camucope chioza domba inhamacaza

tundo

Dos maraves guardo a importância dada à linhagem das mulheres

São minhas ainda as terras de fatiota chipasse bamboe nhancoma pande e inhaufa

produzem milho meixoeira arroz trigo e algodão bem como legumes e fruta

Casei muitas vezes e muitas outras enviuvei, já nem lembro bem quantas

os meus fios brancos entrançam na cabeça muitas estórias…

possuo mais de dois mil escravos em trabalho doméstico, agrícola

nas actividades de defesa e guerra na segurança das minhas terras

a perder de vista

que eu caminho e piso com os meus pés

Eles também trabalham na mineração comércio e condução de embarcações neste nosso grande rio zambeze

cobra gigante m'bona

Sou eu que domino a principal mina da maxinga

que fica a nordeste de tete

grande parte das minhas escravas trata da exploração desse ouro

porque os homens são para pegar em armas

e guardá-las

cada ensaka (grupo de cinco mulheres) faz-me uma entrega semanal de 14 grãos de ouro

Fui eu que encetei relações comerciais directas com o longínquo reino do kazembe

e em 1798 confiei trezentos dos meus escravos e um grande gupo de ensakas

para acompanhar Lacerda e Almeida na sua expedição a esse reino

As insondáveis viagens

> *Canto*
>
> *Verdades por mim vistas, e observadas:*
>
> *Oxalá foram fábulas sonhadas*   Lacerda e Almeida

Atingi a vila de Tete no dia 23 de janeiro de 1798.

Uma vila fortificada e circundada por um muro

onde residem muitos mercadores indianos do Guzerate, nyungwes e alguns
                                        [portugueses

Foram muitos os bancos de areia ao longo da minha viagem

que tornaram a navegação difícil tal como na viagem no taquari

o afluente do amazonas...

Um rio largo este zambeze e ao longe patos gansos garças em bandos

saudades de outros dias que passei nos vastíssimos sertões do Brasil

No entanto a passagem da lupata

a garganta que aperta o leito entre sena e tete pareceu-me menos perigosa do que as cachoeiras dos rios madeira mamoré coxim pardo ou tietê

Confesso que gostaria de ter vindo nas canoas do pará ao invés destas incómodas embarcações que os africanos usam aqui

A partir do dia de hoje, chegado à vila de Tete

esperam-me outras insondáveis viagens

agora por terra.

Os itinerários sem mapas

No decorrer destas longas noites

em que os insectos zumbem constantes à fraca luz das velas ou das fogueiras

Muito cansado por vezes cheio de dores de cabeça de febres

esboço aos meus mapas que descrevem os rios as pequenas povoações

os acidentes geológicos

os lugares desertos

assinalo marcas do caminho que vamos percorrendo

As matas cheias de vegetação difíceis de penetrar

Eu com a bússola e o teodolito as réguas

as barras magnéticas e o sextante

sinto-me perdido...

No entanto registo tudo aquilo que me permita vir a construir um mapa nestas
[páginas que mal consigo ver

a comida começa a faltar muitos dos carregadores já fugiram e levaram consigo
[mantimentos

ouço as conversas murmuradas o sussurar talvez de pequenas traições

os línguas nem sempre me trazem a verdade

Esgotado olho a lua em minguante por entre as árvores e ouço outras indecifráveis
[vozes

os vagalumes cintilam e sobem vagarosamente às estrelas

por dentro da terra que fala

silenciosa e ardilosamente

brilham pedras e outros ambicionados mistérios

Intuo que não chegarei ao fim desta jornada

os mapas irão perder-se comigo algures por estes descaminhos

Procuro em vão desenhar os itinerários do ouro entre oriente e ocidente

Nota biográfica de Lacerda e Almeida

Fui nomeado governador dos rios de sena e incumbido da travessia até a costa ocidental

africana

missão a que estava também associado o objetivo científico de descoberta das
[nascentes dos rios cunene e zambeze

Sou doutor em matemática pela universidade de coimbra

cheguei a Moçambique em 1797

já com uma larga experiência na exploração geográfica do Brasil

nomeadamente a missão de demarcação de limites

da fronteira norte em 1780

após o tratado de santo ildefonso

para elaborar uma relação topográfica das minas de ouro da África Oriental

Este projeto inclui a constituição de uma companhia de comércio do

Oriente

e retoma o formulado de 1725

por D. Luís da Cunha em colaboração com o geógrafo francês Jean-Baptiste
[Bourguingon d'Anville

Marávia

Subo lentamente as montanhas do Furancungo a Angónia e aquelas rochas gigantes olham-me com seus rostos antigos e formas estranhas

haverá minas de ouro prata cobre ferro e carvão encobertas por estas pedras gigantes que carregam um magnético poder subterrâneo e chispam os brilhos agrestes

Trazem muitas histórias nas costas estas pedras. Os descendentes dos undi que vieram do país luba com sua sua corte olharam-nas com respeito. Espantaram-se quando

encontraram os pequenos homens cafula que criaram a irmandade do nyau, que ainda hoje se esconde no dambwe, recinto sagrado e secreto

Este chão de predras suspensas que sobem ao céu e parecem abater-se sobre nós são atravessadas de árvores que correm e entrelaçam outros braços e adensam-se em torno do maciço montanhoso onde o reino de canguro se formou a partir do clã phiri

Com eles se estabeleceram mudi e nhango a esposa e mãe perpétuas e através delas se faz a transmissão dos poderes mágicos e da propriedade

Os espíritos guardam desde sempre os santuários recônditos das montanhas onde se faz o culto das chuvas e se evoca a protecção dos ancestrais

Há fios brancos de algodão nas árvores lembrando as mãos tecendo panos de machira

Ouve-se aqui surdo e constante um tambor sagrado que celebra chauta, deus destas paragens destas enormes pedras com cara de gente

M'Bona

E o m'bona, espírito fazedor das chuvas é evocado pela sacerdotisa quando chega pela noite em forma de cobra gigante

envolve-se nela em dança giratória

A cobra dos grandes rios, capoche, luia, revubué

move-se entre o céu e a terra

em movimentos ondulantes

ajusta-se nela

e os raios começam a desenhar-se nos céus fazendo luzes geométricas volutas

incandescentes

que descem nas suas mãos em prece para o alto

o corpo giratório e o estrondo do trovão os faz ribombar

estremecer as montanhas

e a chuva lentamente começa a cair

Em torno do santuário de m'bona

a chuva não para

e a sacerdotisa é uma figura espectral de luz que dança

O Índico em Marrakesh

Visitação do Índico em Marrakesh

em Marrakesh diz-me o meu amor

que o céu sem nuvens anuncia o deserto. Olho para o azul intenso e para as montanhas que debruam a paisagem ao longe, cobertas de neve e sinto

como o sol arde

arde o coração com ele e o céu imperturbável no seu azul mirífico espraia-se sem fim

olho para os teus olhos e vislumbro o deserto longe

uma viagem profética? um desejo que ondula com as areias sem fim

encontrar-me sem onde

encontrar-me no tempo de muitos anos, areias sopradas pelo vento na solidão dos dias e das noites sem fim

encontrar-me na ponta do ouro

encontrar um oásis em que a sede seja esquecimento encontrar-me algures no deserto uma ansiada palmeira de tâmaras e mel

encontrar o desejo da água, do sabor intenso da ambrósia, da possível entrada entrevista naquele azul fechado sobre si mesmo, intenso, inviolado

mas será que existe? Dizias: será o paraíso? onde te encontrar aqui nesta paragem à esquina do tempo?

não lembro não esqueço nunca, mas é possível ser travessia por dentro de tanto azul intenso?

e uma voz se ouvia entre a poeira levantada do azul

                                                             uma voz que te aguardava em sossego

imperturbável de azuis índicos abrindo-se em outros azuis ainda mais intensos, azuis da alma

poisada no manto de deus, vestida em sagrada oferenda em azul ciano indigo azul da pérsia

azul egípcio, azul do ibo azul das ilhas quirimbas

azuis de silêncios sem nuvens, sem som, sem murmuração

intensos mordendo os lábios da terra arenosa cor de âmbar soprando búzios longe

ouvindo-se muito longe

Vês? vejo, entretanto começo a ver, vejo entre o azul a revelação a voz sem som

talvez uma palavra um azul intenso

um céu sem nuvens ou um índico oceano?

que anuncia este trilho para o deserto

um oásis no caminho um sonho de pura verdade

na mão um desenho na areia uma onda

na boca o sabor de uma escrita não decifrável caminhando para ti em azul ultramarino cor de antes ocupando ao infinito o céu de puro desejo

ou antes um traçado no azul índico um mar de soprada evidência

Entretanto eu dormia

Entretanto eu dormia

um sono levitado por séculos um sono acordado sem te ver olhando-me tu nos
[meus olhos

eu não te via

O azul baço intenso profundo do céu ou do mar ou do tempo

confundia

perturbava adiando qualquer começo qualquer palavra

que dizer-se não permitia

Como se estivesse mergulhada em ofélica transparência ou morte adormecida
[repousava

sem tempo

nos teus sonhos eu dormia

abraçada em azul de azul lançada em levitados acasos poisada algures no tempo
[em espaços outros sem fronteira

Entretanto eu dormia

esquecida de qualquer palavra sopro ou desejo, esquecida de ser todo o meu
[corpo em azuis

diáfanos maré baixa, maré cheia e maresia

chegava às areias e mal chegava logo partia

flutuando o mar de desejo

mal abria os olhos e de novo dormia

não fora possível ver-te aí nesse recôndito lugar, espaço? Sombra, cor ou

[intensidade

Azul

sobre azul a tela ora se fechava ora se abria

índico

e tu olhando devagar e sem tempo um céu sem nuvens onde sem saber sabendo

agora me vias

Jardim de Ménara

devagar fomos chegando pelas ruas e múltiplas portas da cidade cor rosavelho

aromatizada de especiarias de incensos e véus inesperados

ao longe enquadrando o imenso jardim de oliveiras em verde musgo e manso as imensas montanhas do alto atlas cobertas de neve irrompem como por magia

no calor intenso em que olhamos a neve longe um lago se espalha longo tranquilo
                                                                                                       [lento

depois um pavilhão misterioso com tecto verde em forma de pirâmide aberturas
                                                                                                     [em arcos

pousados se abre para as cordilheiras

de onde por labirintos subterrâneos

vem a água

aqui em sossego alagoada

dizes-me que o sol queima. É verdade, tanto como aquela neve mais atrás

escondemo-nos sob a sombra das oliveiras e a sombra escalda ainda

aquele pavilhão seria o lugar perfeito

para nos teus lábios a água escorrer de desejo.

Fecho os olhos, em que lugar mágico caminha a sede satisfeita o calor da neve ao sol a tranquilidade dos espelhos de água reflectindo o encantamento de uma presença total?

Será que deus passeia por aqui ao final da tarde? olhando o fogo do sol na brancura
[alta das

cordilheiras em radiosa brancura?

Minha alma estremece e dou-te a mão. Parece que encontrei um caminho

Uma brisa mínima sopra e as oliveiras gemem de prazer... toco os teus olhos e
[vejo um oásis

lá dentro lá longe

à nossa frente

e nele tu e eu olhando estes jardins que nos olham

este sereno lago que nos espelha e devolve

ao lugar em que a neve se iguala ao calor mais que perfeito.

O Chamamento (Azaan)

do alto do minarete o almuadem chama à oração

está quase caindo a noite e a voz ecoa "Allah hu Akbar, Alah é grande" num sortilégio arrastado

a torre ergue-se numa fosforescência estranha e no cimo os minaretes incandescem dourados vermelhos a par do crepúsculo

é hora de rezar

é hora de Kutub, o Livro

é hora de reler o manuscrito do tempo

é hora de olharmos um para o outro, aqui, precisamente neste lugar que nos trouxe de longe tão perto

(eu sou do meu amado seu desejo o traz até mim...)

a um outro chamamento, estranho chamamento, prece, encantamento

aazan do coração

como brilham os teus olhos meu amado, diz com comoção

como esta hora se arrasta na poeira de muitos azuis e aqui se acende

maravilhada

Ouves agora o muezim?

as mãos entrelaçam-se lentamente e agora é sua voz que murmura:

(eu sou da minha amada e minha amada é minha

a encontrei entre açucenas entre as árvores perfumadas de incenso...)

Ouves? dizes de novo, ouves o Al-koutoubiyyin? aquele que escreve nas nossas mãos um círculo dourado como as amorosas jóias das cúpulas lá em cima chegando perto das estrelas?

(Eu dormia mas o meu coração velava... Roubaste meu coração com um só dos teus olhares... como és bela ó minha amada...)

Pernoitemos aqui. Assim me diz olhando-me já coberta pela noite pelo correr de sussuros que agitam os cedros e oliveiras neste jardim da Koutobia

e madruguemos ouvindo de novo ao alvorecer

o chamamento do amor que eu tenho guardado para ti em meus lábios rubros

ó meu amado!

que eu tenho guardado para ti em meus lábios de mel

ó minha amada!

Os encantadores de serpentes

um pouco mais adiante a praça Jamaa el Fna agita-se na sua inconstância

de fumos, cores e cheiros

os encantadores de serpentes e os montanheiros berberes mostram suas habilitades

ouve-se uma flauta e outra e as serpentes erguem-se quase dançando

os pequenos olhos muito quietos olham devagar

hipnoticamente

lembras-te? À chegada naquele apoio do corrimão tu olhavas-me do mesmo modo não largando meus olhos por um segundo

e falavas sem parár, uma música murmurada de sons

maravilhados

não parávas um segundo e eu não saía do lugar

olhando-te

como se fosse desde sempre

Afinal há quanto tempo? ontem, há quarenta anos, há quatro minutos?

ponta do ouro

olhando-te encantada

do lado de cá do oceano, do corrimão do tempo

e a cabeça dançando muito devagar junto à tua abraçando-se meu corpo no teu

cada vez mais estremecido e alto de prazer uma flauta me conduzindo

como uma serpente crescendo entre terra e céu ligando o fogo à chama

uma voz só música vindo da adolescência mais jovem e acesa

encantatória

levitando-me em pé de dança

uma flauta de sons

uma murmuração intensa capturando-me

entrançando-me mágica e inevitavelmente em ti

Os azuis índicos do Paraíso

Alguém aqui fez um jardim de azuis

azul cobalto azul médio e azul real

abre-se em pequenos labirintos e recantos adornados azulejos de água tranquila em pequenas fontes

abobadado em áleas frescas e trepadeiras rendilhadas

entrelaçados os altos vimes

papiros cana bambús ponteiam de luz o dia em amarelo ouro âmbar e açafrão

repousam na areia de um deserto imaginário cactos múltiplos de verdes preguiçosos verde-lima menta musgo e oliva

(verde te quero verde azul água marinha, amada minha

verde te quero verde

verde turquesa minha princesa)

Muito lentamente misturamos o corpo em verdesazuislaranja

dizes que me amas

eu digo-te que sim que acredito que somos azuis em mutação e oiro faíscando um azul índico nirvana ametista violeta um amarelo queimado de açúcar em ponto

nos lábios provas comigo uma flor de baunilha erva-doce funcho casca de laranja doce tangerina

sedutores e seduzidos um pelo outro em doces sabores

chegamos assim

muito enamorados

à entrada dos azuis intensos do paraíso

A prova do chá de menta

Um pequeno bule de prata arredondado sobe nas mãos da jovem senhora de rosto enquadrado em lenço branco

escorre dele um aromático chá de menta

açucarado para os pequenos copos

um prato de figos mel e canela

um sorriso

em silêncio sorrindo de novo:

a salamo a-leikom a paz esteja convosco!

A leikom es salâm agradecemos e provamos muito lentamente o chá misturado nas folhas verdes com cheiro a hortelã

o pequeno copo de vidro cinzelado aquece as mãos

pousamo-lo

e olhamos sorrindo aquele outro maravilhado sorriso

adivinhação deleite de um para o outro

murmuro: dá-me a tua mão prova do meu chá descobre os meus segredos descobre os meus véus incensa-me de sonhos

prova-me

e sente o chá de menta

sente como sou doce e perfumada

as coxas arredondadas como as do bule

um sabor morno gostoso meloso escorregoso

perfuma-me de ti

habita-me

que eu provo contigo desde sempre um outro oriente

em chá de gengibre maçanica moringa cravinho e cardamomo

intensos e antigos odores em geografia mais a sul Insha'Allah!

Cair das estrelas

as estrelas caem vagarosamente entre nós

uma a uma

pirilampos encantos agapantos

tantos...

apanhamos as estrelas com as mãos

o pó de luz evola-se mágico

da cartola saem

estrelas mais estrelas o teu rosto reluz os olhos gravitam o sorriso ilumina-se

que bela noite dizes

começou agora a primeira noite de sonho uma noite pontilhada de cintilações

nos teus lábios uma meia lua de água uma meia lua de prata

uma inteira lua de beijos

alaranjada

brincas com ela e os meus dedos acendem-se estrela a estrela lampião acesa girando

uma roda etérea um carrossel encantatório

de olhos fechados vejo todas estas irradiações

e sinto os teus lábios dançando num corpo alto e volátil

já todo de luz

Índico sortilégio

oferece-me uma pulseira e diz-me: que fique no teu braço para sempre

um círculo de prata

o amor um outro círculo maior que irradias

intensa

                intensamente

uma aura laranja cor do sol uma levitação dos sentidos

não caminhas quase deslizas e teus véus ondulam com a brisa em tons de pérola
                                                    [açafrânica

por isso aceita

aceita esta pulseira que foi feita exactamente para ti

e te esperava

aqui nesta remota medina ou ilha em que se adivinham braços e mãos pintados a henna

dançam neles enigmáticas escritas

decifração ou destino? transmutação contínua alquimia de prata em ouro

Uma pulseira o brilho dela em ti

o que está escrito nela

te abraça o braço

e agora se revela

sorte dádiva

ou um muito antigo índico sortilégio...

Os véus soltos da cidade antiga

Percorremos a pé as ruelas e estreitos labirintos da medina, que lembram outros nossos lugares

o comércio de porta em porta fervilha em animadas conversas

as jilabas de muitas cores esvoaçam os véus adornam as cabeças das mulheres que passam

bicicletas motos atropelos vagarosos entre crianças que brincam nos pequenos pátios

os alfaiates e os barbeiros, os talhos, as cerâmicas, as pequenas tipografias, as prateleiras cheias de doces, as antigas mercearias onde se vende tudo, e os escaparates inúmeros misturados de vozes sobrepostas

soltos véus da medina aromatizados pelas bancas de especiarias, verde, negro amarelo, laranja vermelho, branco, os pequenos montes de pós incensados de cheiros maravilhosos

que se entrelaçam em outros e mais outros

em essências fortes, óleos e fragâncias, jasmim, rosa, aloendro, mirra, sândalo,

cedro, bergamota canela, flor de laranjeira

pequenos e secretos vasos de vidro

que escorrem pelos poros da pele e a encantam que se entranham pelos labirintícos desejos do corpo e sedutoramente o enlaçam por entre estas pequenas artérias da cidade amuralhada

coração intenso e cativa fragância

em nossas diversas geografias e em nós dois reencontrada

Os caminhos do deserto

mais atrás ficou um longo deserto

areias levantadas em anos e o vento despedindo-se das formas

imprecisão e lonjura seguindo as caravanas improváveis

passo a passo e ano a ano o deserto permaneceu escondendo

um rosto sem idade

o azul do linho o resguarda das poeiras um rosto

bronzeado pelo sol que desafia os caminhos e as monções

Uma rosa dos ventos na tua mão procura-me

uma rosa de areia se desfaz por entre os dedos

Dizes: o achamento só é possível no cruzamento de acasos

conjurados

ou num céu sem nuvens...

talvez alguém tenha ouvido a tua voz caminhando rente ao deserto

e rente ao mar índico

do outro lado do tempo, num outro mar e num outro continente

Aqui no deserto a geografia do amor é um estranho desenho

que as areias e o vento as nuvens e a espuma

recomeçam sem cessar

Outras fronteiras: o brilho dos pirilampos e os fragmentos da memória

CARMEN LUCIA TINDÓ SECCO
Professora Titular de Literaturas Africanas de Língua Portuguesa da UFRJ (Universidade Federal do Rio de Janeiro), ensaísta e pesquisadora do CNPq (Conselho Nacional de Desenvolvimento Científico e Tecnológico) e da FAPERJ (Fundação de Amparo à Pesquisa do Estado do Rio de Janeiro)

O livro *Outras fronteiras: fragmentos de narrativas* divide-se em quatro grandes partes. A primeira tem como título "Como se a manhã do tempo despertasse". O eu lírico peregrina dentro de si para se buscar; examina suas fronteiras; navega com um país dentro da língua, fazendo do coração paisagem antiga, mas sempre presente no olhar, no álbum de suas vivências, como se pudesse despertar. A escrita se apresenta como pena de um amor infinito, como um feitiço querendo escapar do eterno. Seria isso possível?

O eu lírico conversa com quem escreve. Ana no espelho. E os pirilampos na noite, com sua luz, enfeitam lembranças. Como os vaga-lumes de Didi-Huberman, resistem, revelando-se metáforas da poesia em meio a um mundo-espetáculo de luzes ofuscantes: "Há [hoje] sem dúvidas motivos para ser pessimista, contudo é tão mais necessário abrir os olhos na noite, se deslocar sem descanso, voltar a procurar os vaga-lumes" (DIDI-HUBERMAN, 2014, p. 14)[1]. Pirilampos lampejam, anunciam que a poesia não morreu: "Clarão errático, mas certamente clarão vivo, chama de desejo e de poesia encarnada". (DIDI-HUBERMAN, 2014, p. 22-23).

A segunda parte é constituída pelos poemas de Moatize, nos quais se encontram as fronteiras híbridas dos afetos ali vivenciados em relação à infância, ao

---

[1] DIDI-HUBERMAN, Georges. *Sobrevivência dos vaga-lumes*. Belo Horizonte: Ed. UFMG, 2014.

amado, a Moçambique. Passam pela memória lírica as primeiras cores da terra, o fluir das águas do Zambeze; depois, as paisagens da negra azul cantada por Virgílio de Lemos e todos os tons de anil que tingem a imaginação. Também está presente Camões, cujo fogo do amor acende o lirismo amoroso no azul do Oriente e do Índico, oceano de inspiração criadora.

A terceira parte de *Outras fronteiras: fragmentos de narrativas* aborda o tema de viajantes e suas narrativas escritas em diários que registram viagens por cidades moçambicanas: Tete, por exemplo. Nesses escritos, são muitas as fronteiras percorridas, muitos os cruzamentos culturais encontrados. A pena narrativa aponta a presença de goeses, indianos, portugueses, além dos africanos. Aprende sons de batuque à distância, máscaras de espíritos antepassados.

Outras fronteiras: fragmentos de narrativas é perpassado por pensamentos e fragmentos de poemas de Camões, Eduardo White e outros poetas; por diários de antropólogos, como Lacerda e Almeida. Real e imaginação se entrelaçam. Os versos de Camões e White se mesclam a fragmentos de narrativas de Lacerda e Almeida, que viajara a Moçambique em 1797 para mapear minas de ouro na África Oriental. Há poemas também, nessa parte, sobre as donas dos prazos, ao sul do Zambeze, que possuíam escravos e ajudaram a expedição de Lacerda e Almeida. Uma dessas senhoras é Dona Francisca Josefa de Moura e Meneses, cuja sobrinha se casara com o mencionado antropólogo.

Poesia e história dialogam, lançando luzes sobre momentos problemáticos do passado moçambicano. Fragmentos narrativos e biográficos cruzam os poemas, trazendo informações sobre o contexto historiográfico de Moçambique, em especial sobre os prazos da coroa no vale do Zambeze, onde houve um sistema escravocrata interno que beneficiava as senhoras prazeiras e suas respectivas famílias.

Na quarta e última parte do livro de Ana Mafalda, há uma exaltação das belezas do Índico, como, por exemplo, no poema intitulado "O Índico em Marrakesh". O Índico aqui não se restringe ao litoral de Moçambique. Multicultural, é um traçado azul, um oásis no caminho, traz a imagem de alguém nos olhos da poetisa. Assim, devagar, a poesia vai alcançando múltiplas portas, cidades, jardins, templos com minaretes dedicados a Alah. Muitos são os encantadores de serpentes, suas flautas e tranças mágicas.

Metáforas, como água, azul, amor, fronteiras, estão presentes nessas "narrativas poéticas" de Ana Mafalda. Funcionam como pequenos labirintos e fontes de água, enamoramentos do Índico, envolto em chás de menta e gengibre. Corpos dançando cheios de luz através de escritas enigmáticas, decifrações, sortilégios. Entre Ocidente e Oriente, Moçambique só é possível pelo cruzamento de "acasos conjurados", voz do passado rente ao Índico e às diversas etnias africanas que habitam a terra moçambicana.

São Paulo, junho de 2017.

A autora

ANA MAFALDA LEITE é ensaísta, docente e principalmente poeta, com mais de 30 anos de trajetória criando versos: seu primeiro livro de poemas, *Em sombra acesa*, foi publicado em 1984. Nasceu em Portugal, mas cresceu e fez os primeiros estudos universitários na Universidade Eduardo Mondlane, de Maputo, Moçambique.

Licenciou-se em Filologia Românica na Faculdade de Letras da Universidade de Lisboa, onde hoje é Doutora em Literaturas Africanas, sua área principal de investigação. Tem Mestrado em Literaturas Brasileira e Africanas de Língua Portuguesa. É colaboradora frequente em eventos acadêmicos e culturais no Brasil, participando de mesas de debates e bancas de instituições que promovem reflexão sobre a literatura e a cultura de países de língua portuguesa. É autora de importantes ensaios, traduções, artigos, introduções e resenhas críticas.

Portugal é seu berço e campo acolhedor de suas pesquisas, e Moçambique é seu chão emocional e cultural, fonte de inspiração poética. Ana Mafalda questiona, desafia e reflete sobre os conceitos de identidade, pertencimento e as fronteiras colocadas pela alma e pela geografia, numa constante viagem interior pelo eu.

Em 2015, recebeu o "Prémio Femina Lusofonia de Literatura", que agracia e reconhece mulheres das Comunidades Portuguesas, Lusófonas e Luso-descendentes por suas contribuições profissionais, culturais e humanitárias.

Obras

- *Em sombra acesa*. Lisboa: Vega, 1984.
- *Canções de Alba*. Lisboa: Vega, 1989.
- *Mariscando luas* (em colaboração com Luís Carlos Patraquim e Roberto Chichorro). Lisboa: Vega, 1992.
- *Rosas da China*. Lisboa: Quetzal Editores, 1999.
- *Passaporte do coração*. Lisboa: Quetzal Editores, 2002.
- *Livro das encantações*. Lisboa: Caminho, 2005.
- *O Amor essa forma de desconhecimento*. Maputo: Alcance Editores, 2010.
- *Livro das encantações - Antologia (1984-2005)*. Maputo: Alcance Editores, 2010.

Nota sobre a grafia da edição brasileira de
***Outras fronteiras: fragmentos de narrativas*, de Ana Mafalda Leite.**

Como forma de não interferir na expressão poética da autora, a editora optou por respeitar a grafia original dos seguintes termos: actividade, actuavam, connosco, direcção, direcções, directa, exacta, exactamente, fractura, insecto(s), protecção, rectângulo, reflectida, reflectindo, tecto.

Segundo o Acordo Ortográfico da Língua Portuguesa de 1990, os termos seriam grafados como segue: atividade, atuavam, conosco, direção, direções, direta, exata, exatamente, fratura, inseto(s), proteção, retângulo, refletida, refletindo, teto.

fontes	Cabin (Impallari Type)
	Aganè (Danilo de Marco)
	Rubik (Hubert & Fischer)
papel	Avena 80 g/m²
impressão	Geográfica